LOIS & DÉCRETS

PARUS

depuis le commencement de la guerre

SUR LES

EFFETS DE COMMERCE

RECUEILLIS ET ANNOTÉS

PAR

H.-D. BAYART, Avocat a Lille
et Ern. PANNIER, licencié en droit.

(1871)

SE VEND AU PROFIT DES BLESSÉS

LILLE
Imprimerie et Librairie de Jules Petit, rue Basse, 54.

EFFETS DE COMMERCE

LOIS & DÉCRETS

PARUS

depuis le commencement de la guerre

SUR LES

EFFETS DE COMMERCE

RECUEILLIS ET ANNOTÉS

PAR

H.-D. BAYART, Avocat a Lille
et Ern. PANNIER, licencié en droit.

(1871)

SE VEND AU PROFIT DES BLESSÉS

LILLE
Imprimerie et Librairie de Jules Petit, rue Basse, 54.

1871

Nous avons cru être utile en publiant, dans leur ensemble, les lois et décrets parus depuis le commencement de la guerre sur les effets de commerce.

Nous y avons joint quelques notes qui nous ont paru susceptibles d'aider à leur intelligence.

Comme il est probable que de nouveaux décrets sur la matière paraîtront encore, nous avons laissé, à la fin de notre petite brochure, quelques pages en blanc, où chacun pourra ajouter ces nouveaux décrets, au fur et à mesure qu'ils paraîtront dans les journaux.

Nous n'avons pas eu la prétention de débrouiller une législation qui, à nos yeux, est un véritable chaos ; nous avons donné simplement les éléments principaux de ce chaos et quelques éléments accessoires. Nous aurons peut-être aidé ainsi tous ceux qui auront à appliquer cette législation, qui régit des intérêts si graves, et qui paraît cependant avoir été méditée avec bien de la légèreté.

Lille, ce 31 janvier 1871.

LOIS ET DÉCRETS

parus depuis le commencement de la guerre

SUR LES

EFFETS DE COMMERCE

Loi du 13 août 1870.

Napoléon, par la grâce de Dieu, etc.

ARTICLE 1er. — Les délais (1) dans lesquels doi-

(1) Il est à remarquer que ce que le législateur a entendu proroger, ce ne sont pas les échéances, mais simplement les délais pour faire les protêts et les actes conservant les recours.

D'après le Code de commerce (art. 162), le protêt doit être fait le lendemain de l'échéance; d'après la loi nouvelle, un mois devra s'écouler entre l'échéance et le jour du protêt, et ce ne sera que le lendemain de l'expiration de ce mois que le protêt pourra être fait.

D'après le Code de commerce (art. 165), le délai accordé au porteur d'un effet de commerce protesté pour exercer son recours contre son endosseur est, en général, de quinze jours à partir du protêt; d'après la loi nouvelle, ce délai sera le même; mais, comme le protêt se trouve reculé d'un mois, le délai pour exercer le recours se trouvera, par le fait, aussi reculé d'un mois.

Telle est du moins l'interprétation qui nous paraît la vraie.

Cette solution, que ce sont seulement les délais de procédure, et non les échéances, qui ont été prorogés, ne peut faire question ; car ce point a été l'objet d'un vote exprès dans la Chambre :

« M. GOERG. — Je tiens à faire observer, avant le vote, que si la Cham-
» bre, par malheur, venait à proroger les échéances au lieu de ne pro-

vent être faits les protêts et tous actes conservant les recours, pour toute valeur négociable souscrite

---

» roger que les délais dans lesquels doivent se faire les actes qui » conservent les recours en garantie, elle exposerait le commerce » français à des pertes considérables de la part des cédants de l'é- » tranger.

» ... Je vous en prie donc, prorogez les délais du protêt et des » autres actes conservatoires ou judiciaires, mais ne prorogez pas » les échéances ; vous n'en avez pas le droit.

« ... M. LE PRÉSIDENT SCHNEIDER. — ... La Chambre va décider en » principe si elle veut proroger les échéances ou les poursuites.

« M. GIRAUD. — Je veux signaler un danger. Si vous prorogez seu- » lement les poursuites et non pas les échéances, la France est ruinée » (bruits). C'est une calamité pour le pays. (Aux voix).

» La Chambre rejette en principe la prorogation des échéances.

« M. LE PRÉSIDENT SCHNEIDER. — L'amendement de M. Chagot com- » porte un autre principe : Celui de soixante jours (au lieu d'un mois).

» M. THIERS. — Il faut voter maintenant sur le principe de la proro- » gation des poursuites. Quand nous aurons voté sur le principe, nous » voterons sur le délai. (C'est cela).

» M. LE PRÉSIDENT SCHNEIDER. — Je mets aux voix le principe de la » prorogation des poursuites.

» ... La Chambre adopte en principe la prorogation des poursuites.» (*Extrait du compte-rendu de la séance du 13 août*).

Nous devons signaler ici que, lorsque ce vote fut émis, ces mots « et aux autres obligés, » qui se trouvent actuellement dans le second alinéa de notre article, n'y figuraient pas encore. Ils n'ont été ajoutés au projet primitif que par un amendement produit *in extremis* et après que la Chambre avait déjà décidé par un vote qu'elle n'entendait pas proroger les échéances, mais seulement les délais pour les protêts et les actes conservant les recours. Cet amendement n'a donné lieu à aucune discussion.

Ces mots ainsi ajoutés s'appliquent-ils même aux débiteurs directs de l'effet de commerce, par exemple au tiré-accepteur d'une traite, ou au souscripteur d'un billet à ordre, ou au contraire ne s'appliquent-ils qu'aux débiteurs indirets autres que les endosseurs, tels que les tireurs, les donneurs d'aval, etc. — Notons que, si le législateur a eu

avant la promulgation de la présente loi (2), sont prorogés d'un mois.

---

en vue même les débiteurs directs, ceux-ci, naturellement, auraient été son principal objectif. Dès lors, il serait au moins étrange qu'ils ne se trouvassent désignés qu'après les endosseurs, accessoirement, et pour ainsi dire par hasard, sous cette expression de « *autres obligés.* » Mais bien que, d'après l'esprit général de la loi, le moment de la discussion où s'est produite cette addition, et l'expression « *remboursement* » dont se sert l'article, ces mots « autres obligés » paraissent ne devoir s'appliquer qu'à ces débiteurs indirects qui ne sont débiteurs que par voie de recours; cependant l'opinion publique, sans examen, a tellement pris la loi comme s'appliquant surtout aux débiteurs directs, que nous oserions à peine proposer l'autre solution.

D'ailleurs, ainsi qu'on le verra plus loin, le gouvernement provisoire lui-même, par des décrets subséquents, a interprété la loi comme l'opinion publique.

Quoiqu'il en soit, ce fait que ce ne sont point les échéances qui sont prorogées conserve encore une grande importance, notamment en matière de compensation, si l'on ne considère les prorogations accordées que comme des délais de grâce.

Il a aussi une grande valeur interprétative, ainsi qu'on le verra à la note suivante.

(2) Une valeur négociable souscrite avant le 13 août, et venue à échéance antérieurement à cette date, bénéficiera-t-elle de la prorogation ; ou au contraire le législateur n'a-t-il eu en vue que les valeurs non encore venues à échéance au moment où la loi a été votée ?

Pour nous, il nous paraît certain que la loi ne s'applique qu'à ces dernières valeurs. Et cela résulte de la note précédente.

Par exemple : une valeur venait à échéance le 25 juillet 1870 ; le protêt a dû être fait le 26, puisqu'on était encore sous l'empire du Code de commerce. S'il n'a point été fait ce jour-là, la déchéance a été acquise. Et puisque notre article, alinéa premier, n'a eu pour effet que de proroger les délais et non les échéances, il est bien évident qu'il n'a pu avoir l'intention de proroger des délais déjà expirés et dont l'expiration avait entraîné des déchéances acquises.

Et si l'alinéa premier de notre article ne s'applique qu'aux valeurs venant à échéance après le 13 août, il paraît non douteux que l'alinéa 2

Le remboursement ne pourra être demandé aux endosseurs et aux autres obligés pendant le même délai.

Les intérêts seront dus depuis l'échéance jusqu'au paiement.

ART. 2. — Aucune poursuite ne pourra être exercée pendant la durée de la guerre contre les citoyens appelés au service militaire en vertu de

---

qui est essentiellement corrélatif au premier, et qui interdit toute demande en remboursement, pendant le même délai d'un mois, des valeurs dont il est question dans cet alinéa premier, ne s'appliquera pareillement qu'aux valeurs venant à échéance après le 13 août.

Le tribunal de Commerce de Lille l'a jugé ainsi par un jugement du 21 octobre 1870, dont voici les termes :

« Attendu que L... est créancier de M... en vertu d'un billet à ordre » créé le 8 avril 1870, échu le 10 août suivant, et protesté le lendemain » de son échéance ; attendu que cet effet n'est pas compris dans les » prorogations légales ; qu'il est néanmoins loisible au tribunal d'ac- » corder d'office un délai, mais que dans la situation de la cause, il » doit user de cette faculté avec modération.

» Le tribunal jugeant en dernier ressort, condamne M... à payer à » L... 333 fr. 30 c. avec intérêts et frais. Accorde à M... pour effectuer » sa libération un délai limité au 10 Novembre prochain. »

Mais le même tribunal a, depuis, jugé en sens contraire par trois jugements que nous rapporterons ci-après sous le décret du 14 novembre 1870, note 25.

Nous devons faire remarquer encore ici que, si bizarre que puisse paraître ce résultat, la présente loi et les décrets postérieurs rendus sur le même objet, sont applicables à toutes les valeurs souscrites avant le 13 août pour venir à échéance après cette date, fût-ce dans un, deux, dix ans.

l'art. 2 de la loi du 11 août 1870, et les gardes mobiles présents sous les drapeaux (3).

Fait en conseil des ministres, au palais des Tuileries, le 13 août 1870.

Pour l'Empereur et en vertu des pouvoirs qu'il nous a confiés,

EUGÉNIE.

Décret impérial du 13 août 1870.

Napoléon, par la grâce de Dieu, etc.

ART. 1er. — La publication de la loi du 13 août 1870, relative aux échéances des effets de commerce, sera faite conformément aux ordonnances des 27 novembre 1816 et 18 janvier 1817.

Fait en conseil des ministres, au palais des Tuileries, le 13 août 1870.

Pour l'Empereur et en vertu des pouvoirs qu'il nous a confiés,

EUGÉNIE.

---

(3) Cet article n'est applicable ni aux soldats de l'armée active en général, ni aux gardes nationaux mobilisés. C'est une disposition exorbitante qui, comme telle, n'est pas susceptible d'interprétation extensive. — Mais voyez l'aricle 5 du décret du 8 janvier ci-après, et la note 34.

Décret du 7 septembre 1870.

Le gouvernement de la défense nationale,

Décrète :

L'art. 1244 du Code civil, § 2, est applicable, pendant la durée de la guerre, à toute contestation entre locataire et propriétaire, relative au payement des loyers (4) et aux poursuites et exécutions en toute matière (5). Les tribunaux peuvent selon les circonstances accorder délai, suspendre toute exécution ou poursuite. En cas d'urgence, le président du tribunal statue par ordonnance de référé, exécutoire nonobstant appel (6).

Fait à Paris, le 7 septembre 1870.

---

(4) Qu'est-ce que cela veut dire ? — Est-ce que, d'après le droit commun, l'article 1244 n'était pas applicable au payement des loyers ? — Nous avouons ne pas comprendre.

(5) « *En toute matièee...* » Cela veut-il dire : même en matière d'effets de commerce, contrairement à l'article 135 du Code de commerce ? Ainsi, à la fin des prorogations accordées par les décrets, les tribunaux pourront-ils encore accorder de nouvelles prorogations ?—D'une part, on pourrait dire qu'une disposition générale ne déroge pas à une disposition spéciale. (Voir au surplus article 5 du décret du 5 novembre ci-après). Mais, d'autre part, le décret n'aurait pas de sens si l'on ne devait point entendre ces mots *« en toute matière »* d'une manière absolue...

Le tribunal de Lille a fait application de ce décret, entendu en ce dernier sens, dans le jugement du 21 octobre, cité note 2.

(6) Qu'est-ce que cela veut dire, et n'en est-il pas ainsi d'après le droit commun ?...

Décret du 10 septembre 1870.

Le gouvernement de la défense nationale,

Décrète :

Art. 1er. — La prorogation de délais accordée par la loi du 13 août dernier relative aux effets de commerce est augmentée de 30 jours (7) à compter du 14 septembre courant (8).

Cette disposition est applicable aux valeurs souscrites postérieurement à la loi du 13 août 1870(9).

---

(7) Le décret dit ici : « trente jours. » La loi du 13 août disait : « un mois. » Les deux dispositions combinées feraient donc un mois et trente jours; mais on verra que les décrets ultérieurs ont décidé que toutes les prorogations seraient comptées de date en date.

(8) « *A compter du 14 courant...* » Que signifient ces mots? Signifient-ils que les trente jours de prorogation nouvelle commenceront à se compter à partir du 14 septembre pour tous les effets indistinctement ? — Non évidemment, car nous avons vu, note 1 et 2 *in fine*, que les prorogations accordées ne se comptaient pas à partir d'une date fixe pour tous les effets, mais, pour chaque effet, à partir de son échéance. Or le présent décret ne faisant qu'*augmenter* la prorogation première, doit s'entendre d'après le même principe. Les mots dont nous nous occupons ne peuvent donc vouloir dire que ceci : sans l'intervention du présent décret, les premiers effets qui ont bénéficié de la prorogation du 13 août, c'est à dire ceux venant à échéance le 13 août même, eussent dû être protestés le 14 septembre ; c'est donc à partir de cette date que le nouveau décret trouvera son application. C'est là uniquement ce qu'a voulu dire le législateur.

(9) Les effets souscrits antérieurement au 13 août ont une prorogation d'un mois de par la loi du 13 août; ils ont de plus une prorogation de 30 jours de par notre décret; en tout, un mois et 30 jours. Les effets souscrits postérieurement au 13 août jouiront-ils aussi des

Art. 2. — Toutes les autres dispositions de la loi du 13 août sont maintenues.

Art. 3. — Le présent décret est applicable à l'Algérie.

Fait à Paris, le 10 septembre 1870.

Décret du 3 octobre 1870.

Le gouvernement de la défense nationale,

Décrète :

Les prorogations de délais accordées par l'art. 1er de la loi du 13 août 1870 ne seront pas applicables aux effets de commerce qui seront créés postérieurement au 14 octobre courant.

Fait à Tours, le 3 octobre 1870.

Pour le gouvernement de la défense nationale,

Les membres de la délégation, etc.

Décret du 3 octobre 1870.

Le gouvernement de la défense nationale,

---

deux prorogations cumulées, ou ne jouiront-ils que de la prorogation de 30 jours accordée par notre décret?—Il nous semble qu'ils jouiront des deux prorogations cumulées. C'est la prorogation *augmentée* que notre article déclare applicable à ces valeurs. On ne voit d'ailleurs aucune raison de distinguer. Voyez au surplus le décret du 5 novembre, art. 2, qui décide expressément qu'il y aura lieu à cumulation.

Vu le décret du 3 octobre 1870, relatif à la prorogation des effets de commerce,

Vu les ordonnances des 27 novembre 1816 et 18 janvier 1817 concernant la publication des lois,

Décrète :

Art. 1er. — La publication du décret du 3 octobre 1870 susvisé, et relatif à la prorogation des effets de commerce, sera faite conformément aux ordonnances des 27 novembre 1816 et 18 janvier 1817.

Art. 2. — Le ministre de la Justice est chargé de l'exécution du présent décret.

Fait à Tours, le 3 octobre 1870.

Pour le gouvernement de la défense nationale,
Les membres de la délégation, etc.

Décret du 13 octobre 1870

(Ce décret a été rapporté par celui du 16 *octobre ci-après).*

La Délégation du gouvernement,

Décrète :

Art. 1er. — Tous actes de protêts et dénonciations de protêts pourront être faits à dater du présent décret pour les effets de commerce dont l'échéance avait été prorogée (10). Sur l'assignation en paiement, les tribunaux de commerce sont autorisés à accorder terme et délai quand il apparaîtra que le défaut de paiement, pendant la durée de la guerre, ne provient pas de la faute du débiteur.

ART. 2. — Pendant la durée de la guerre, les protêts, dénonciations et assignations, seront enregistrés gratis.

ART. 3. — Dans les arrondissements envahis où la justice française est exercée, le juge peut accorder sursis au paiement d'un effet commercial, soit jusqu'à la cessation de l'occupation par l'ennemi, soit jusqu'à la fin de la guerre, soit jusqu'à une époque déterminée par le jugement.

ART. 4. — Aucun protêt ni acte quelconque de poursuites ne peut être fait contre les défenseurs de la patrie pendant la durée de la guerre.

ART. 5. — Par une mesure exceptionnelle, cinq jours sont accordés à compter de l'échéance pour faire l'acte de protêt des effets de commerce échus jusqu'à ce jour ou qui viendront à échéance jusques et y compris le 31 octobre courant. Les délais fixés par les art. 166 et 167 et la déchéance déclarée par l'art. 168 du Code de commerce ne courront qu'à dater du jour du protêt.

---

(10) On a vu (note 1) que les échéances n'ont jamais été prorogées. La délégation de Tours fait ici une confusion dans laquelle ne tombe jamais le gouvernement de Paris.

Décret du 11 octobre 1870 (11).

Le gouvernement de la défense nationale,

Décrète :

Art. 1er. — La prorogation des délais accordée par la loi du 13 août et le décret du 10 septembre 1870 relatifs aux effets de commerce est augmentée d'un mois à compter du 14 courant (12).

Cette disposition est applicable même aux valeurs souscrites postérieurement à la loi et au décret susvisés (13 et 14).

Art. 2. — Toutes les autres dispositions de la loi du 13 août 1870 sont maintenues.

Art. 3. — Le présent décret est applicable à l'Algérie.

Fait à Paris, le 11 octobre 1870.

Les membres du gouvernement, etc.

---

(11) Ce décret du gouvernement de Paris, est antérieur en date à celui, précédemment transcrit, de la délégation de Tours, et ce dernier n'a été rendu que dans l'ignorance de l'existence du premier. Aussi verra-t-on ci-après que celui de Tours a été rapporté dès que celui de Paris a été connu.

(12) *« à compter du 14 courant... »* Même observation qu'à la note 8.

(13)... Mais jusqu'au 14 octobre. Cela nous paraît résulter de la combinaison de l'alinéa 1er de notre article avec le premier décret du 3 octobre ci-dessus (cpr. note 8).

(14) Voyez note 9.

Décret du 16 octobre 1870.

Le gouvernement de la défense nationale séant à Tours,

Vu le décret du 13 octobre 1870 relatif aux délais accordés par la loi du 13 août et le décret du 10 septembre 1870 relatif aux effets de commerce,

Vu le décret rendu à Paris le 11 octobre et qui a été connu de la délégation séante à Tours aujourd'hui seulement par le *Journal officiel* du 12, arrivé entre ses mains,

Attendu que l'on ne saurait maintenir sur la même matière deux lois contradictoires,

Attendu que le décret du gouvernement séant à Paris doit recevoir son exécution.

Décrète :

ART. 1er. — Le décret du 13 courant sur les effets de commerce qui a été inséré au *Moniteur officiel* est rapporté et non avenu.

ART. 2. — Le décret rendu à Paris sur la même matière le 11 octobre par le Gouvernement de la défense nationale sera exécuté suivant sa forme et teneur.

Fait à Tours, le 16 octobre 1870.

Décret du 5 novembre 1870.

Le gouvernement de la défense nationale,

Décrète :

Art. 1er. — Les Effets de Commerce qui ont donné lieu à la loi du 14 août (15) et aux décrets du 10 septembre, du 11 et du 16 octobre 1870, seront désormais, comme tous effets de commerce qui seront souscrits à l'avenir, soumis au protêt, dénonciation et poursuites dans les délais déterminés par le Code de commerce (16).

Art. 2. — Pour bien fixer les époques où les paiements des effets souscrits jusqu'au 15 octobre dernier (17) pourront être exigés et pour interpréter au besoin la loi et les décrets sus-énoncés, il est décrété que tous les effets, quelle que soit l'époque de leur création depuis le 15 août (18),

(15) C'est évidemment « 13 août » qu'il faut lire.

(16) D'après cet article, il semblerait que toutes les prorogations accordées par la loi du 13 août et par les décrets postérieurs sont rapportées; mais l'article suivant prouve que telle n'a pas été la pensée du législateur; il veut dire seulement que, sauf la prorogation, les effets de commerce dont il s'agit seront soumis aux protêts, dénonciations et poursuites dans les délais déterminés par le Code de Commerce.

(17) Jusqu'au 15 octobre *exclusivement* (voyez le premier décret du 3 octobre 1870).

(18) Comme à la note 15, nous pensons encore qu'il faut lire « 13 août. »

ne seront exigibles qu'après trois mois, soit quatre-vingt-dix jours à compter du jour de leur échéance (19).

Art. 3. — Exceptionnellement, et par dérogation aux dispositions du Code de commerce, le protêt à défaut de paiement aux jours indiqués par l'art. 2

(19 La rectification résultant de la note qui précède une fois opérée, quel est le sens de notre article ?

La loi du 13 août avait accordé un mois de prorogation, le décret du 10 novembre, 30 jours ; celui du 11 octobre, un mois; à première vue, on pourrait croire que ce que notre article a entendu, ç'a été de substituer 90 jours fixes à un mois, 30 jours, et un mois. — Mais ce n'est pas là le but qu'il a eu en vue. — Et en effet, d'abord, on ne comprendrait pas pourquoi il n'aurait fait cette substitution qu'à l'égard des effets souscrits du 13 août au 14 octobre. — L'article qui n'est, on le remarquera, qu'un article interprétatif, a eu uniquement pour but de résoudre la question que nous avons nous-même résolue aux notes 9 et 14, et qui avait été posée à la délégation de Tours, notamment par la Banque de France. Il la résout dans le même sens que nous l'avons fait nous-même, c'est à dire qu'il décide que les effets souscrits du 13 août au 14 octobre jouiront, tout comme les effets souscrits antérieurement au 13 août, des trois prorogations cumulées résultant de la loi du 13 août et des décrets des 10 septembre et 11 octobre.

L'article n'a pas d'autre portée, et cela confirme de la manière la plus absolue la nécessité que nous avons indiquée, à la note 18, de substituer « 13 août » à « 15 août.» Sans cette substitution, on aurait une troisième catégorie d'effets qui ne seraient nullement régis par notre décret, à savoir : tous les effets souscrits entre le 13 et le 15 août, auxquels s'applique cependant incontestablement la loi du 13 août combinée avec les décrets des 10 septembre, 11 et 16 octobre, visés dans l'art. 1. Or il est évident que notre décret n'a entendu faire que deux catégories, l'une pour tous les effets souscrits antérieurement à la loi du 13 août, et l'autre pour les effets souscrits entre cette loi et le 14 octobre.

pour l'exigibilité pourra être fait pendant cinq jours à compter du jour de l'exigibilité (20) ; les délais de dénonciation de protêt et d'assignation ne courront qu'à compter de ce cinquième jour, même si le protêt a lieu avant le cinquième jour.

Art. 4. — Pour tous les effets échus ou à échoir jusqu'au 30 novembre, les protêts, dénonciations, actes d'assignations et jugements de condamnation seront enregistrés gratis.

Art. 5.— Jusqu'à la fin de la guerre et pendant le mois qui en suivra la cessation, l'art. 1244 du Code civil, § 2, pourra être appliqué par les tribunaux de commerce quand le débiteur réclamera un délai à l'audience, le jugement étant alors contradictoirement rendu.

Si le débiteur s'est laissé condamner par défaut, il ne pourra réclamer aucun délai sur l'opposition.

Art. 6. — Les dispositions ci-dessus ne sont pas applicables aux départements envahis, même en partie.

Dans ces départements envahis, les échéances sont prorogées de droit ; tous les actes de protêt,

---

(20) ... Et non compris ce jour. — Telle est du moins l'interprétation qui nous paraît la plus conforme aux principes généraux. Il est de principe général que le jour *a quo* ne compte pas. (Arg. de l'art. 1033, C. de pr.)

de dénonciation, de poursuites quelconques sont interdits.

La loi commerciale n'y reprendra son cours qu'un mois après la cessation de la guerre ou l'abandon par l'ennemi du territoire occupé (21).

---

(21) Le tribunal de Commerce de Lille a été appelé à interpréter cet article ; nous croyons utile de rapporter ici ce jugement, qui statue en même temps sur différents autres points :

« Entre A. P... et Cie, banquiers ;

Et 1o D...; 2o D... et L..., etc.

Attendu, sur l'objection soulevée au sujet de l'article 6 du décret du 5 novembre 1870 concernant l'envahissement partiel du département, que l'on ne peut considérer comme un envahissement l'incursion de groupes plus ou moins nombreux de cavaliers ennemis sur la limite du département, lorsque surtout il n'y a pas eu remplacement des autorités locales par des fonctionnaires étrangers, ni même séjour permanent de l'ennemi ;

Attendu, sur le point de savoir si l'échéance d'un effet créé le 15 août 1870 est prorogée de cinq mois, que l'art. 1er du décret du 8 janvier 1871 n'accorde le bénéfice de cette prorogation qu'aux effets de commerce créés antérieurement au 15 août 1870 ;

Attendu, sur la tardivité de la dénonciation du protêt qui a eu lieu le 12 janvier, que l'art. 3 du décret du 5 novembre 1870 déclare que les délais de dénonciation de protêt et d'assignation ne courent qu'à compter du cinquième jour après l'échéance, même si le protêt a eu lieu avant le cinquième jour ;

Attendu, sur la difficulté soulevée au sujet des délais accordés par le décret du 12 janvier 1871, que ce décret n'a pas été promulgué dans les départements ;

LE TRIBUNAL, vidant son délibéré et jugeant en dernier ressort, sans s'arrêter à la preuve offerte sur la question de l'envahissement, condamne D..., D... et L..., etc., solidairement, à payer à P... et Cie, la somme de 263 fr. 60 c. à raison d'un mandat à ordre enregistré le 27 décembre, avec les intérêts et les frais.

Prononcé en audience publique à Lille, le 24 janvier 1871. »

Art. 7. — Le présent décret sera publié et promulgué conformément aux ordonnances du 27 novembre 1816 et 18 janvier 1817.

Fait à Tours en conseil du gouvernement, le 5 novembre 1870.

Décret du 5 novembre 1870 (22).

Le gouvernement de la défense nationale,

Considérant qu'il importe de prévenir les difficultés que peut faire naître le mode actuel de promulgation des lois et décrets, et d'établir d'une manière certaine l'époque où les actes législatifs sont obligatoires,

Décrète :

Art. 1er. — Dorénavant la promulgation des lois et décrets résultera de leur insertion au *Journal officiel de la République française*, lequel, à cet égard, remplacera le *Bulletin des lois*. — *Le Bulletin officiel des lois* continuera à être publié.

Art. 2. — Les lois et décrets seront obligatoires,

---

(22) Nous croyons devoir rapporter à leur date deux décrets sur la promulgation et la publication des actes législatifs, qui n'ont, il est vrai, rien de spécial à la matière des effets de commerce, mais dont nous aurons à tirer parti pour préparer la solution d'une question qui sera posée à la note 36.

à Paris un jour franc après la promulgation, et partout ailleurs, dans l'étendue de chaque arrondissement, après que le *Journal officiel* qui les contient sera parvenu au chef-lieu de cet arrondissement (23). Le gouvernement, par une disposition spéciale, pourra ordonner l'exécution immédiate d'un décret.

Art. 3. — Les préfets et sous-préfets prendront les mesures nécessaires pour que les actes législatifs soient imprimés et affichés partout où besoin sera.

Art. 4. — Les tribunaux et les autorités administratives et militaires pourront, selon les circonstances, accueillir l'exception d'ignorance alléguée

---

(23) La promulgation des lois et décrets résulte de l'insertion au *Journal officiel*, et la publication résulte, à Paris, de l'expiration du délai d'un jour franc après la promulgation. Les lois sont donc obligatoires à Paris un jour franc après que le *Journal officiel* y a paru. Il semblerait rationnel de décider par analogie que la loi est obligatoire partout ailleurs, dans chaque arrondissement, un jour franc après que le *Journal officiel* a paru au chef-lieu de cet arrondissement. Pourtant, tel n'est pas le sens qui se présente à l'esprit à la première lecture de l'art. 2. Il semble que, dans chaque arrondissement, la loi devienne obligatoire dès que le *Journal officiel* est parvenu au chef-lieu. Les auteurs du décret ont-ils pu vouloir une pareille impossibilité (voir note 36)? Ne faut-il pas plutôt lire ainsi notre art. 2 : « Les lois et décrets sont obligatoires, à Paris, un jour franc après la promulgation, et partout ailleurs, dans l'étendue de chaque arrondissement, (sous-entendez : *un jour franc*) après que le *Journal officiel* qui les contient sera parvenu au chef-lieu de cet arrondissement » ? En d'autres termes, le second « après » nous parait devoir se rapporter aux mots « un jour franc » plutôt qu'aux mots « seront obligatoires. »

par les contrevenants, si la contravention a eu lieu dans le délai de trois jours francs à partir de la promulgation.

Fait à l'Hôtel-de-Ville de Paris, le 5 novembre 1870.

Décret du 11 novembre 1870.

Les membres du gouvernement de la défense nationale,

Décrètent :

Art. 1er. — Tant que les communications avec Paris et le gouvernement de la défense nationale ne seront pas rétablies, le *Journal officiel de la République française* ne pouvant parvenir régulièrement dans les départements, la promulgation des lois et des décrets rendus par la délégation du gouvernement, aura lieu dans le *Moniteur universel* qui remplacera, pour leur publication et leur promulgation, le *Journal officiel de la République française.*

Art. 2. — Tout décret du gouvernement de la défense nationale inséré au *Journal officiel de la République française* qui parviendra à Tours sera immédiatement publié dans le *Moniteur universel.* Cette publication, pour tous les arrondissements de

France où le *Journal officiel de la République française* ne serait pas parvenu, vaudra la promulgation par ce journal.

Décret du 14 novembre 1870.

Le gouvernement de la défense nationale,

Décrète :

Pendant la durée de la guerre, la mère veuve qui a son fils ou des fils sous les drapeaux, la femme dont le mari est sous les drapeaux, la mère veuve qui a perdu un de ses enfans au service de la patrie, la femme dont le mari a succombé en combattant ou par suite de ses blessures, ne peuvent être soumises à aucun acte de poursuite pour paiement soit des dettes du mari qu'elles auraient cautionnées, soit pour dettes solidaires entre elle et son mari, soit pour dettes des enfants dont elles seraient héritières, soit pour leurs propres dettes ; le mobilier garnissant leur habitation, soit qu'il leur appartienne, soit qu'il appartienne au mari ou aux enfants, ne peut être saisi.

Décret du 14 novembre 1870.

La délégation du gouvernement, considérant que les effets de commerce souscrits avant la guerre, à la différence des effets souscrits après la guerre déclarée, l'ont été dans l'ignorance d'un événement inattendu qui a jeté tout-à-coup la perturbation dans le commerce et rendu, sinon impossibles, du moins très-difficiles les moyens de libération,

Décrète :

Art. 1er — Jusqu'au 15 décembre prochain, aucun protêt ne pourra être fait, aucune poursuite exercée pour les effets de commerce souscrits avant le 15 août dernier (24 et 25).

---

(24) Comme aux notes 15 et 18, nous pensons qu'il faut encore lire ici « 13 août. » Nous ne le déciderions pas ainsi s'il n'était pas nécessaire de concilier cet article avec le suivant. Mais cette nécessité est incontestable. Or pour cet article 2, la nécessité de la substitution est absolue; elle l'est donc aussi pour l'art. 1.

(25) Par trois jugements, en date des 2 décembre 1870, G. R... et Ce contre Adolphe S..., 16 décembre 1870 G... et Ce contre François B... et son épouse, et 6 janvier 1870 Louis S... contre L... aîné, le tribunal de commerce de Lille a décidé que cette disposition s'appliquait même aux effets de commerce venus à échéance avant la loi du 13 août.

Voici le texte de ces trois jugements :

I. « Attendu que la demande tend au payement d'une lettre de change tirée le 13 juin 1870 à l'échéance du 15 juillet suivant, ladite traite fournie pour payement d'une facture stipulée payable au 15 juillet sur le reçu ou la traite des vendeurs. Attendu que S... a reçu la

ART. 2. — Tous les effets de commerce souscrits

---

marchandise et la facture et conservé cette facture sans protestation justifiée pendant un temps suffisant pour que ce silence puisse être considéré comme acceptation. Attendu que G. R... et Ce ayant choisi le mode du payement par une lettre de change, avaient à se conformer aux décrets qui ont prorogé l'échéance des effets de commerce et les poursuites à leur occasion. Attendu que le décret du 14 novembre 1870 dispose que jusqu'au 15 décembre suivant il ne pourra être exercé aucune poursuite pour les effets de commerce souscrits avant le 15 août. Attendu que cette disposition est applicable à la lettre de change dont il s'agit, créée le 18 juin 1870... etc. »

II. « Attendu que les époux B... ne se présentent pas, ni personne pour eux. Attendu que la demande est introduite contre eux pour paiement d'effets de commerce créés avant le 15 août 1870. Attendu qu'un décret du 14 novembre 1870 dispose que pour les effets de cette catégorie, aucune poursuite ne peut être exercée jusqu'au 15 décembre. Attendu que l'acte de poursuite qui a saisi le tribunal porte la date du 14 décembre; qu'il est donc prématuré... etc. »

III. « Attendu que la demande introduite par L... aîné avait pour cause une lettre de change acceptée par S.., ladite lettre de change enregistrée le 6 juillet 1870. Vu l'art. 1 de la loi du 13 août 1870 et les décrets des 14 novembre et 9 décembre 1870 qui interdisent toute poursuite pour effets de commerce avant le 15 janvier... etc. »

On voit que ces trois jugements sont en sens contraire du jugement du 21 octobre 1870, rapporté note 2. On a vu à cette note que nous avons adhéré à la décision donnée par ce dernier. Il est vrai que, de nos trois nouveaux jugements, les deux premiers ont été rendus après le décret du 14 novembre, et le troisième après le décret du 9 décembre. Or ces deux décrets ne s'expriment pas de la même manière que la loi du 13 août : « Aucune poursuite, disent-ils, ne pourra être faite pour les effets de commerce souscrits avant le 15 août (lisez 13). » — Ces expressions, je le reconnais, sont aussi générales que possible. Mais il est évident que les auteurs du décret ne sont venus qu'accorder une nouvelle prorogation à ajouter à la prorogation déjà accordée par la loi du 13 août. De plus, dans les considérants de notre décret, l'on voit que ces prorogations ne sont accordées qu'à raison de ce fait que les échéances des effets que l'on a en vue arrivent au milieu d'une perturbation qui n'avait point été prévue lors de la sous-

postérieurement au 15 août (26) dernier demeurent soumis au décret du 5 novembre dont toutes les dispositions non contraires à l'article premier sont maintenues.

Fait à Tours, le 14 novembre 1870.

Décret du 9 décembre 1870.

Le gouvernement de la défense nationale, considérant que les mêmes circonstances réclament du gouvernement les mêmes décisions qui ont été prises le 14 novembre dernier,

Décrète :

Le délai accordé par le décret du 14 novembre dernier pour le paiement des effets de commerce est prorogé jusqu'au 15 janvier 1871 (27), le

---

cription. Rien de semblable pour les effets venus à échéance avant, peut-être longtemps avant, la guerre. Nous maintiendrions donc notre première opinion.

(26) Lisez « 13 août. » Voyez notes 15, 18, 24.

(27) Le décret du 14 novembre auquel celui-ci se réfère n'accorde de nouveau délai qu'aux effets souscrits avant le 15 (lisez 13) août. Notre décret ne fait que proroger le délai accordé par le premier. Le nôtre semblerait donc ne devoir pas s'appliquer aux effets souscrits après le 15 août (lisez 13). Mais le décret du 8 janvier, qui va suivre, par une disposition purement interprétative, décide que ces effets bénéficient de cette prorogation au 15 janvier, pour le cas où ils

surplus des dispositions du décret demeurant maintenu (28).

Fait à Tours, le 9 décembre 1870.

Décret du 8 janvier 1871.

Les membres du gouvernement de la défense nationale,

Considérant que les lois et décrets des 13 août, 10 septembre, 11 et 16 octobre et 9 décembre 1870 ayant successivement prorogé l'échéance des effets de commerce, il importe de faire cesser toute incertitude sur l'interprétation des dispositions susvisées et préciser celles de ces dispositions qui

---

devraient échoir auparavant Toute disposition interprétative ayant, d'après une doctrine constante, un effet rétroactif, il en résulte que tout protêt qui aurait été fait avant le 15 janvier par suite d'une autre interprétation serait nul.

(28) Ce décret n'est parvenu à Lille par le *Moniteur universel* que le 19 décembre. Or, d'après le décret du 14 novembre, beaucoup d'effets devaient être protestés dès le 16, et l'avaient été en effet. Les protêts seront-ils valables ? — Cela nous paraît incontestable (voir ci-dessus les décrets du 5 et du 11 novembre sur la promulgation des actes législatifs). — Avant ces deux décrets, les lois avaient force exécutoire par la seule expiration d'un délai à partir de leur promulgation. Aujourd'hui cet effet ne se produit que par l'arrivée au chef-lieu de l'arrondissement du *Journal officiel* ou du *Moniteur universel*. Le *Moniteur* n'étant arrivé à Lille que le 19, les protêts faits avant cette date sont nécessairement valables.

sont applicables aux diverses catégories d'effets suivant l'époque de leur création,

Décrètent :

Art. 1er. — L'échéance des effets de commerce souscrits antérieurement au 15 août 1870 (29) demeure prorogée de cinq mois; celle des effets souscrits depuis le 15 août (29) jusqu'au 14 octobre 1870 inclusivement demeure prorogée de trois mois. Néanmoins, si parmi ces derniers effets il en est dont les échéances prorogées de trois mois sont antérieures au 15 janvier courant, les échéances sont prorogées jusqu'audit jour, 15 janvier.

Les effets souscrits depuis le 14 octobre restent soumis aux dispositions du Code de commerce (30).

Art. 2. — Les prorogations spécifiées aux § 1 et 2 de l'article précédent sont calculées de date en date

---

(29) C'est toujours 13 août qu'il faut lire. (Voyez notes 15, 18, 24, 26). Le présent décret confirme bien la nécessité de cette substitution. En effet, dans le considérant qui le précède, on vise tout à la fois la loi du 13 août et les décrets des 16 septembre, 11 et 16 octobre, et 9 décembre. Or la loi du 13 août distinguait entre les effets souscrits avant elle et ceux souscrits après. Donc les décrets suivants et le décret actuel, qui n'ont fait que prolonger la prorogation accordée par la première, ont dû maintenir les mêmes catégories (cpr. note 19 *in fine*). En second lieu notre décret s'annonce comme n'étant qu'interprétatif, et notre article premier n'a bien que ce caractère. Enfin, cet article se sert de cette expression : « L'échéance *demeure* prorogée de cinq mois. »

(30) Ceci confirme notre note 13.

ART. 3. — Jusqu'au 15 avril prochain, le délai du protêt, fixé à vingt-quatre heures (31) par l'art. 162 du Code de commerce, est porté à dix jours, à partir du jour de l'échéance, ainsi qu'elle est déterminée par l'article premier du présent décret.

ART. 4. — Jusqu'à la fin de la guerre, il ne pourra, à la suite du protêt, être exercé aucune poursuite (32) contre les souscripteurs, accepteurs et endosseurs d'effets de commerce, créés antérieurement au 15 août 1870 (33).

---

(31) Plus exactement : « A la journée du lendemain de l'échéance. »

(32) « *Aucune poursuite.* » Ne faudra-t-il pas au moins faire la dénonciation du protêt, sauf à ne pas assigner en même temps en jugement, comme il faudrait le faire si l'on suivait l'art. 165 du Code de commerce ? — Nous pensons que la dénonciation devra être faite. — Ce n'est pas là une *poursuite.* C'est un simple avertissement extrajudiciaire donné au cédant de l'effet de commerce, dans son intérêt, et pour qu'il puisse prendre ses mesures en conséquence du défaut de payement constaté par le protêt. Comment serait-il possible de croire que le législateur eût voulu qu'on laissât ce cédant dans l'ignorance de ce défaut de payement, jusqu'à la fin de la guerre ?... Pour qu'il pût en être ainsi, il faudrait qu'une disposition, aussi dérogatoire aux principes de la matière, fût exprimée en termes bien précis et ne laissant aucune place au doute. Telle n'est pas la disposition qui nous occupe.

De plus, dans les articles 1 et 6 du décret du 5 novembre, nous voyons le législateur distinguer expressément la dénonciation de protêt des poursuites proprement dites.

(33) D'après nous, toujours « 13 août. » Voyez notes 15, 18, 24, 26, 29. C'est toujours la reproduction du *lapsus* originaire.

ART. 5. — Toutes poursuites sont également défendues jusqu'à la fin de la guerre contre les souscripteurs, accepteurs ou endosseurs d'effets de commerce qui sont ou qui seront sous les drapeaux (34), quelle que soit d'ailleurs, l'époque à laquelle ces effets auront été créés (35).

ART. 6. — Les dispositions de l'art. 6 du décret

---

(34) L'art. 2 de la loi du 13 août 1870 interdisait toute poursuite contre les citoyens appelés au service militaire en vertu de l'art. 2 de la loi du 11 août 1870 et les gardes mobiles présents sous les drapeaux. Cette disposition est plus générale que celle de notre article, en ce sens qu'elle s'applique même aux poursuites ayant une cause autre qu'un effet de commerce. Mais, d'un autre côté, la disposition de notre article est plus générale en ce sens que, dès lors que les poursuites ont pour cause un effet de commerce, elle s'applique à tous les citoyens qui sont ou qui seront sous les drapeaux.

(35) « *Quelle que soit l'époque à laquelle ces effets auront été créés.* » Créés, oui ; mais non pas, selon nous, quelle que soit l'époque à laquelle ces effets seront venus à échéance. S'ils sont venus à échéance avant le 13 août, il nous semble que la disposition n'est pas applicable. Nous avons déjà dit que ni la loi du 13 août, ni aucun des décrets postérieurs, y compris celui-ci, ne s'appliquent aux effets venus à échéance avant la première de ces dispositions législatives.

Ajoutons qu'une dette résultant d'un effet de commerce venu à échéance avant le 13 août n'a plus du tout le caractère des dettes en vue desquelles ont été faits la loi du 13 août et les décrets subséquents : ce qu'a voulu le législateur, ç'a été uniquement d'apporter le bénéfice des prorogations à ces dettes payables à jour fixe et dont le non-paiement doit être nécessairement suivi de formalités rigoureuses et de recours multiples. Les dettes résultant d'effets de commerce depuis longtemps échus n'ont pas plus ce caractère que les dettes résultant de titres non négociables. (Voir à l'appui les considérants du décret du 14 novembre 1870).

du 5 novembre 1870, relatives aux départements envahis, même en partie, sont maintenues.

Art. 7. — Toutes les dispositions contraires au présent décret sont et demeurent abrogées.

Fait à Bordeaux, le 8 janvier 1871.

Décret du 12 janvier 1871 (36).

Le gouvernement de la défense nationale,

Vu la loi du 13 août, les décrets du 10 septem-

(36 Ce décret de Paris, du 12 janvier, n'était point connu à Bordeaux lorsqu'y parut le décret du 8. Celui de Paris, inséré au *Journal officiel*, n'est arrivé en province, et spécialement à Lille, que le 15 janvier, par le ballon le *Vaucanson*, tombé à Erquinghem-sur-la-Lys, près d'Armentières, à onze heures du matin.

Les décrets de Paris et de Bordeaux sont inconciliables : lequel des deux devra prévaloir ? — C'est pour donner les éléments de solution de cette question que nous avons rapporté plus haut, à leur date, deux décrets de Paris et de Tours, des 5 et 11 novembre 1870, sur la promulgation des actes législatifs.

Le décret de Paris, du 12, doit-il être considéré comme promulgué pour les départements, et spécialement pour l'arrondissement de Lille ?

On serait tenté de résoudre affirmativement la question pour notre arrondissement, car le *Journal officiel* qui contenait ce décret est arrivé à Lille.

— Nous ne résolvons pas la question pour les autres arrondissements, car nous ignorons si le *Journal officiel* y est parvenu ; et, d'autre part, le *Moniteur universel* n'ayant pas reproduit le décret qui nous occupe, aucune publication n'y aurait donc eu lieu. —

Mais, même pour notre arrondissement, nous pensons encore que

bre, 11 octobre, 10 novembre et 12 décembre 1870, relatifs aux effets de commerce,

Décrète :

ART. 1er. — La prorogation de délais accordée par la loi et les décrets sus-visés, est augmentée d'un mois à partir du 14 janvier courant pour tous les effets souscrits antérieurement à la loi du 13 août 1870.

---

ce décret ne doit pas être considéré comme promulgué. En effet, il n'est pas complet par lui-même, car il se réfère à deux autres, du 10 novembre et du 12 décembre, qui ne sont jamais parvenus dans les départements, ni par le *Journal officiel*, ni par le *Moniteur universel*, et nous ne savons pas ce qu'ils contenaient. Il nous semble impossible de dire qu'un décret parvenu d'une manière incomplète à la connaissance du public est un décret promulgué. Le tribunal de Lille, le 24 janvier 1871, l'a jugé ainsi. Voyez note 21.

Maintenant, l'investissement de Paris a cessé depuis deux jours; *quid* quand le *Journal officiel* nous sera parvenu ?— Nous pensons que, après un délai d'un jour franc, le décret de Paris devra seul être appliqué.

Comment le public saura-t-il que le *Journal officiel* est parvenu au chef-lieu ? — Qu'il avise...

Et quand un effet, protesté à Marseille, à Quimper-Corentin ou à Carpentras, reviendra à Lille à un endosseur, il faudra, pour que cet endosseur sache si le protêt a été fait en temps utile, et, par suite, s'il doit rembourser, qu'il connaisse le jour où le *Journal officiel* contenant le décret de Paris du 12 janvier et ceux des 10 novembre et 12 décembre sera arrivé à Marseille, à Quimper-Corentin ou à Carpentras. Comment pourra-t-il le savoir ? — Ici les difficultés ne deviennent-elles pas tellement inextricables quelles doivent être appelées des impossibilités ?...

Peut-être les chambres de commerce pourront-elles prendre des renseignements, et publier le tableau des dates où le *Journal officiel* sera parvenu dans chacun des arrondissements de France.

Elle est augmentée de quinze jours pour tous les effets de commerce souscrits postérieurement à la loi du 13 août 1870 et aux décrets de prorogation qui l'ont suivie.

Art. 2. — Toutes les autres dispositions de la loi du 13 août 1870 sont maintenues.

Art. 3. — Le présent décret sera immédiatement exécutoire.

Fait à Paris, le 12 janvier 1871.

APPENDICE (37).

Décret du 10 novembre 1870.

Le gouvernement de la défense nationale,

Vu la loi du 13 août, les décrets des 10 septembre et 11 octobre, relatifs aux effets de commerce;

---

(37) Notre brochure a paru le 31 janvier dernier.

A cette époque, nous savions déjà (voyez note 36) que deux décrets des 10 novembre et 12 décembre avaient été rendus par le gouvernement de Paris, mais nous avons dit que le texte de ces deux décrets n'était jamais parvenu en province.

De plus, en rapportant le décret du 12 janvier 1871, nous avons dit de quelle façon il était arrivé dans les départements, et spécialement à Lille.

Depuis lors, l'investissement de Paris a cessé plus ou moins complètement, et le *Journal officiel* a porté dans les départements ces trois décrets. Il nous en a encore apporté deux autres en date des 27 janvier et 9 février 1871.

Quoiqu'il eût été très-intéressant (voir note 36 *in fine*) de pouvoir dire ici à quelle date précise les différents numéros du *Journal officiel* contenant ces divers décrets, sont arrivés à Lille, nous sommes obligés de déclarer que, malgré tous nos efforts, il nous est impossible de le faire. Nous nous sommes adressés à la Préfecture : tous les numéros du *Journal officiel* contenant ces décrets s'y trouvent, nous a-t-on dit; mais il serait impossible de fixer la date à laquelle ils y sont arrivés.

Le décret de Bordeaux du 8 janvier est resté seul en vigueur dans chaque arrondissement jusqu'au jour où les numéros du *Journal officiel* contenant tous les décrets de Paris sont arrivés au chef-lieu. — Quand sont-ils arrivés? — Encore une fois c'est un point de fait que chacun résoudra comme il le pourra, et à tel péril que de droit...

Nous donnons ici, en appendice, les quatre décrets des 10 novembre, 12 décembre, 27 janvier et 9 février. Nous renvoyons à la page 34 de notre brochure pour celui du 12 janvier.

Considérant que les circonstances rendent nécessaire de suspendre de nouveau les poursuites;

La publication de ces cinq décrets vient encore augmenter singulièrement la confusion déjà si grande existant dans toute cette législation.

En effet, ils nous apprennent que, tandis que la délégation de Tours et de Bordeaux interprétait dans un sens la loi fondamentale du 13 août, et même les premiers décrets de Paris des 10 septembre et 11 octobre, et qu'elle décrétait en conséquence ses prorogations successives, le gouvernement de Paris interprétait cette loi dans un sens tout différent, et décrétait aussi en conséquence de cette interprétation différente.

Qu'on se reporte à l'art. 1 de la loi du 13 août. Nous en avons donné au commencement de notre note 1 et à la fin de la note 2 la seule interprétation que nous a paru comporter son texte, rapproché de la discussion de la loi dans la Chambre : le délai pour faire le protêt était, avons-nous dit, reculé d'un mois *à partir de l'échéance*, à quelque époque d'ailleurs que dût venir cette échéance, fût-ce dans un, deux, dix ans..., et ce ne sera qu'à l'expiration de ce mois que le protêt pourra être fait.

Peut-être, à n'envisager que le texte même de la loi, aurait-on été porté à proposer une seconde interprétation, et à dire qu'on aurait, pour faire le protêt, le mois tout entier qui suivrait l'échéance, sans être obligé d'attendre l'expiration de ce mois. Mais le rapport de M. Argence repousse cette interprétation : « La commission pense, » dit-il, qu'il suffit d'accorder pour tous les effets de commerce un » délai d'un mois pendant lequel aucun protêt *ne pourra être fait.* » — Cette seconde interprétation devait donc être écartée.

La délégation de Tours et de Bordeaux, dans tous ses décrets, a adopté la première : voyez notamment l'art. 2 du décret du 5 novembre et les art. 1, 2 et 3 du décret du 8 janvier. (C'est l'interprétation qu'a constamment suivie, et sans aucune hésitation, le tribunal de commerce de Lille).

Les cinq nouveaux décrets que nous donnons ici nous apprennent que le gouvernement de Paris a adopté une troisième interprétation complètement différente.

En effet, l'art. 1 du décret du 10 novembre nous dit que « la pro- » rogation qu'il accorde est applicable même aux valeurs souscrites

Considérant en outre que quelques doutes se sont élevés sur l'interprétation des lois et décrets susvisés, et qu'il y a lieu dès lors, en édictant de nouvelles dispositions, de préciser le sens de celles qui ont précédé,

---

» postérieurement à la loi et aux décrets visés, mais en ce sens » seulement que les souscripteurs de valeurs nouvelles et *devant « échoir avant l'expiration de la prorogation* ne pourront profiter que « des délais accordés postérieurement à la souscription. » (Le décret du 12 décembre répète la même chose.) — Comment une valeur pourrait-elle *échoir avant l'expiration de la prorogati n*, si la prorogation ne commence qu'à compter de l'échéance ?

Comment le gouvernement de Paris interprétait-il donc la loi du 13 août ? — D'après lui, la loi du 13 août a eu pour effet d'interdire les protêts et actes conservatoires pendant un mois, non à partir de l'échéance de chaque effet, mais à partir du 13 août même, et, par suite, cette loi n'était pas applicable aux effets venant à échéance après l'expiration de ce mois. Les décrets subséquents de Paris ont tous été rendus conformément à ce système.

Cette interprétation admise nous donne la clef de ces mots : « *à compter du 14 courant* » qui se retrouvent dans chacun des décrets de prorogation du gouvernement de Paris (10 septembre, 11 octobre, 10 novembre, 12 décembre, 12 janvier et 9 février), et que nous n'avions pu expliquer à notre note 14 qu'en leur donnant un sens qui, nous le reconnaissions, forçait bien un peu le sens naturel. Au contraire dans le système d'interprétation que nous attribuons au gouvernement de Paris, cette formule s'explique tout naturellement, comme indiquant le point de départ *fixe* de chacune des prorogations.

Enfin, la démonstration devient plus complète encore, s'il est possible, en présence d'une autre observation qui démontre jusqu'à l'évidence que ces mots : « à partir du... » ont bien le sens que nous venons de leur attribuer.

Par le décret du 12 janvier, le gouvernement de Paris accordait une nouvelle prorogation d'un mois à partir du 14, pour tous les effets souscrits avant le 13 août; il n'accordait qu'une prorogation de quinze

Décrète :

Art. 1. — La prorogation de délais accordée par la loi du 13 août et les décrets des 10 septembre et 11 octobre 1870 relatifs aux effets de commerce, est augmentée d'un mois à partir du 14 novembre courant (38).

Cette disposition est applicable même aux valeurs souscrites postérieurement à la loi et aux décrets sus-visés, mais en ce sens seulement que les souscripteurs de valeurs nouvelles et devant écheoir avant l'expiration de la prorogation (39) ne pourront

---

jours, pour ceux souscrits postérieurement. Le 27 janvier, le gouvernement efface la distinction en disant que « la prorogation de délais, accordée par le paragraphe 2 du décret du 12 janvier 1871, aux effets souscrits postérieurement à la loi du 13 août... est étendue jusques et y compris le 13 février. » Il se trouve qu'ici le gouvernement, au lieu de se servir de sa formule ordinaire : *à partir du...*, procède au contraire en disant : *jusques et y compris* le 13 février. Cette dernière formule repousse nécessairement l'interprétation de la Délégation, qui avait été aussi la nôtre, car comment *étendre* une prorogation jusqu'à une date fixe, si le point de départ de cette prorogation devait être l'échéance même des effets, laquelle, étant essentiellement variable, se placera indifféremment avant ou après une date fixe quelconque, comme est celle du 13 février ? Désormais, le sens est fixé, et lorsque nous retrouverons dans le décret du 9 février l'ancienne formule *à partir du...*, nous saurons ce qu'elle signifie.

Cette divergence entre les interprétations adoptées par le gouvernement de Paris et par la Délégation, ainsi qu'entre les actes législatifs émanés de l'un et de l'autre, une fois établie, nous aurons à en voir plus loin les conséquences.

(38) « ...*à partir du 14 courant* ». Voyez note 37.

(39) « ...*devant échoir avant l'expiration de la prorogation* » Voyez note 37.

profiter que des délais accordés postérieurement à la souscription.

Art. 2. — Toutes les autres dispositions de la loi du 13 août 1870 sont maintenues.

Art. 3. — Le présent décret est applicable à l'Algérie.

Fait à Paris, le 10 novembre 1870.

Décret du 12 décembre 1870.

Le gouvernement de la défense nationale,

Vu la loi du 13 août, les décrets des 10 septembre, 11 octobre et 10 novembre 1870, relatifs aux effets de commerce,

Décrète :

Art. 1. — La prorogation de délais accordée par la loi du 13 août et les décrets des 10 septembre, 11 octobre et 10 novembre 1870 relatifs aux effets de commerce, est augmentée d'un mois à partir du 14 décembre courant (40).

Cette disposition est applicable même aux valeurs souscrites postérieurement à la loi et aux décrets sus-visés, mais en ce sens seulement que les souscripteurs de valeurs nouvelles et devant écheoir

---

(40) « ...*à partir du 14 courant.* » Voyez note 37.

avant l'expiration de la prorogation (41) ne pourront profiter que des délais accordés postérieurement à la souscription.

Art. 2. — Toutes les autres dispositions de la loi du 13 août 1870 sont maintenues.

Art. 3. — Le présent décret est applicable à l'Algérie.

Fait à Paris, le 10 novembre 1870.

Décret du 12 janvier 1871.

(Voir le texte de ce décret page 34.)

Décret du 27 janvier 1871.

Le gouvernement de la défense nationale,

Vu la loi du 13 août, les décrets des 10 septembre, 11 octobre, 10 novembre, 12 décembre 1870, et 12 janvier 1871, relatifs aux effets de commerce;

Considérant que, dans les circonstances actuelles, il importe de suspendre provisoirement toutes poursuites en matière commerciale,

Décrète :

Art. 1. — La prorogation de délais accordée par

(41) « *...devant échoir avant l'expiration de la prorogation.* » Voyez note 37.

le paragraphe 2 du décret du 12 janvier 1871, aux effets souscrits postérieurement à la loi du 13 août 1870 et aux décrets de prorogation qui l'ont suivie, est étendue jusques et y compris le 13 février prochain (42).

Art. 2. — Le présent décret sera immédiatement exécutoire.

Fait à Paris, le 27 janvier 1871.

Décret du 9 février 1871.

Le gouvernement de la défense nationale,

Vu la loi du 13 août 1870, et les décrets des 10 septembre, 11 octobre, 10 novembre, 13 décembre 1870, 12 et 27 janvier 1871, relatifs aux effets de commerce;

Considérant qu'il est désirable de revenir dans le plus bref délai possible à la stricte exécution des engagements qui est la loi fondamentale du commerce;

Qu'il y a lieu d'espérer que le délai d'un mois est suffisant pour permettre le libre rétablissement des relations commerciales;

Qu'il est donc juste de proroger encore d'un mois les délais impartis par la loi et les décrets

---

(42) « ...*jusques et y compris le* 13 *février prochain.* » Voyez note 37.

susvisés, sauf à édicter plus tard les dispositions nécessaires pour concilier les prescriptions de la loi commerciale avec les difficultés que présente la liquidation de la situation anormale créée par les événements (43),

Décrète :

Art. 1. — Les délais dans lesquels doivent être faits les protêts et tous les actes conservant les recours aux termes de la loi et des décrets susvisés sont prorogés d'un mois à partir du 13 février présent mois (44).

Art. 2. — Les intérêts continueront à courir du jour de l'échéance.

Art. 3. — Il n'est point dérogé aux autres dispositions de la loi du 13 août 1870 (45).

Art. 4. — Le présent décret est applicable à l'Algérie.

---

(43) Certes, un décret rendu dans ce but, et pouvant atteindre ce résultat, serait bien désirable.

Un homme d'une grande autorité a émis devant nous le vœu qu'un acte législatif vienne effacer toutes les déchéances qui ont pu être encourues par suite des difficultés que l'esprit le plus attentif aura pu rencontrer dans l'application de toute cette législation....

(44) « *...à partir du* 13 *février présent mois.* » Voyez note 37.

Mais pourquoi 13 février et non pas 14 ? — Les décrets des 10 septembre, 11 octobre, 10 novembre, 12 décembre et 12 janvier, disent tous : « à partir du 14 courant. » De plus, le décret du 27 janvier proroge jusqu'au 13 février, *compris*.

Nous pensons qu'il faut lire ici comme s'il y avait « à partir du 13 février *non compris*. »

(45 et 46) Sauf la prorogation nouvelle accordée par notre décret, il n'est pas dérogé à la loi du 13 août ; mais toute disposition con-

Art. 5. — Toutes les dispositions contraires aux présentes, contenues dans d'autres décrets (46), sont et demeurent annulées.

Fait à Paris, le 9 février 1871.

---

traire contenue dans d'autres décrets (et nous avons vu, rien que par la divergence signalée à la note 37, qu'elles doivent être nombreuses) sont annulées.

De ce que, d'une part, la loi du 13 août est maintenue ; de ce que, d'autre part, l'interprétation que le gouvernement de Paris a adoptée de cette loi est, nous croyons l'avoir montré à la note 37, fausse et erronée, s'ensuit-il que les dispositions de cette loi, interprétée comme elle devrait l'être, et comme elle l'a été par la Délégation, demeurent en vigueur malgré le système tout différent qu'ont appliqué les décrets de Paris d'après une autre interprétation ? Ainsi, les prorogations accordées par la loi du 13 août s'appliqueront-elles aux effets qui viendront à échéance à quelque époque que ce soit, même après le 13 mars ? — Cette question est très-délicate. — On peut dire, d'une part, que le gouvernement de Paris a manifesté nettement sa volonté de ne pas porter atteinte à la loi fondamentale du 13 août ; d'autre part, qu'il a manifesté l'intention de ramener à une unité de système absolue tous les actes législatifs intervenus dans ces circonstances. — L'examen approfondi de la difficulté nous conduirait trop loin, et nous nous bornons à l'avoir signalée.

Une autre question peut être posée sur la portée des termes de notre décret. L'art. 5 annule toutes les dispositions *contraires* contenues dans d'autres décrets. — Faut-il considérer comme contraires les dispositions qui modifient simplement le droit commun, alors que notre décret ne le modifie pas ? Ainsi, l'art. 3 du décret de Bordeaux du 8 janvier, accorde cinq jours pour faire les protêts; ainsi encore, l'art 4 du décret du 5 novembre veut que les assignations et les jugements de condamnation relatifs à des effets échus avant le 30 novembre dernier soient enregistrés gratis. Ces dispositions doivent-elles être considérées comme annulées ? — Nous ne le pensons pas, car elles ne nous paraissent pas *contraires* à notre décret.

Enfin, la loi n'ayant pas d'effet rétroactif, il n'est pas besoin de dire que tous les actes faits sous l'empire des dispositions annulées, en conformité de ces dispositions, et avant leur annulation, restent parfaitement valables.

Lille, ce 9 mars 1871.

SECOND APPENDICE.

Loi du 10 mars 1871 (47).

L'Assemblée nationale a décrété, etc.

Art. 1er. — Les effets de commerce souscrits avant ou après le 13 août 1870, et venant à échéance après le 12 avril prochain, ne jouiront d'aucune prorogation de délai, et seront exigibles suivant les règles du droit commun.

Art. 2. — Tous les effets de commerce échus du 13 août au 12 novembre 1870 seront exigibles sept mois, date pour date, après l'échéance inscrite aux titres, avec les intérêts depuis le jour de cette échéance (48). Les effets échus du 13 novembre 1870 au 12 avril prochain seront exigibles, date

---

(47). Cette loi revient, en principe, au système de la Délégation (voir note 37,) en ce sens que les prorogations auront pour point de départ les échéances des effets; — mais, d'un autre côté, le bénéfice des prorogations est restreint aux effets qui viendront à échéance avant le 13 avril prochoin.

(48). Ces intérêts courront-ils de plein droit, ou seulement à partir de la présentation ? — La question a été posée à M. le garde des sceaux et à la commission, lors de la discussion de la loi. M. le garde des sceaux a répondu nettement que les intérêts courraient de plein droit.— Cependant, il ne nous semble pas douteux que, si le débiteur avait consigné à l'éehéance, conformément à loi du 6 thermidor an III et à l'ordonnance royale du 3 juillet 1816, il se serait ainsi libéré tant du principal que des intérêts.

pour date, du 13 juin au 12 juillet (49) avec les intérêts depuis le jour de la première échéance. Ne seront pas admis à jouir du bénéfice des prorogations tous effets créés postérieurement au 9 février.

Ces dispositions sont applicables aux effets qui auraient été protestés. En cas de second protêt, ce refus de paiement sera constaté par une mention inscrite par l'officier ministériel sur le premier. L'enregistrement se fera exceptionnellement gratis. Si les premiers protêts ont été suivis de jugement, il sera sursis à l'exécution jusqu'à l'expiration des nouveaux délais de prorogation.

Art. 3. — Par dérogation à l'art. 162 du Code de commerce, le délai accordé au porteur pour faire constater par un protêt le refus de paiement sera de dix jours.

Les délais de dénonciation et de poursuite fixés par la loi courront du jour du protêt.

Art. 4. — Les porteurs de traites ou de lettres de change tirées soit à vue, soit à un ou plusieurs jours, mois ou usances de vue, qui, depuis le 13 août 1870, ne les auraient pas présentés en temps et lieu voulus, sont relevés de la déchéance prononcée par l'art. 160 du Code de commerce, à la charge

(49). D'après cette disposition, les effets venant à échéance le 13 novembre, le 13 décembre, le 13 janvier, le 13 février ou le 13 mars, seront tous exigibles le 13 juin; les effets venant à échéance le 14 novembre, le 14 décembre, le 14 janvier, le 14 février ou le 14 mars, seront exigibles le 14 juin... et ainsi de suite.

d'exiger le paiement ou l'acceptation desdits effets dans le mois qui suivra la promulgation de la présente loi, augmenté du délai légal des distances.

Art. 5. — Dans les départements occupés en tout ou en partie par les troupes étrangères, conformément à l'art. 3 du traité du 26 février, les tribunaux de commerce pourront, pendant le cours de l'année 1871, accorder des délais modérés pour le paiement des effets de commerce, conformément à l'art. 1244, § 2, du code civil.

Les mêmes délais pourront être accordés par les tribunaux de commerce de toute la France aux souscripteurs d'effets qui, retenus hors de chez eux par le service de l'armée régulière ou de l'armée auxiliaire, seraient momentanément dans l'impossibilité de payer.

Art. 6. — Toutes dispositions contraires (50) aux présentes, contenues dans d'autres lois ou décrets, sont et demeurent abrogées.

Délibéré en séance publique à Bordeaux, le 10 mars 1871.

(50) « *...contraires.* » Les dispositions non contraires sont donc maintenues (voyez note 46). Il est spécialement à remarquer que les déchéances (autres que celles signalées à l'art. 4) encourues d'après les dispositions des lois et décrets antérieurs, demeurent acquises (voir note 43).

Lille, le 14 mars 1871.

Lille, imp. J. Petit, rue Basse, 54.

www.ingramcontent.com/pod-product-compliance
Lightning Source LLC
Chambersburg PA
CBHW030933220326
41521CB00039B/2235
9782014525601